MW01414114

图书在版编目（CIP）数据

下雨了！ / 汤姆牛编绘. -- 北京 ：北京联合出版公司，2012.8（2015.6重印）
ISBN 978-7-5502-0809-4

Ⅰ. ①下… Ⅱ. ①汤… Ⅲ. ①儿童文学－图画故事－
中国－当代 Ⅳ. ①I287.8

中国版本图书馆CIP数据核字(2012)第128537号

北京市版权局著作权合同登记号：图字01－2012－3850号

下雨了！

（启发精选华语原创优秀绘本）

文/图：汤姆牛

选题策划：北京启发世纪图书有限责任公司
　　　　　台湾麦克股份有限公司

编辑顾问：陈蕙慧

责任编辑：李　征　　柳　漾

北京联合出版公司出版

（北京市西城区德外大街 83 号楼 9 层　　100088）

北京盛通印刷股份有限公司印刷　　新华书店经销

字数0.4千字　　889毫米×1194毫米　　1/16　　印张2.75

2012年8月第1版　　2015年6月第3次印刷

ISBN 978-7-5502-0809-4

定价：31.80元

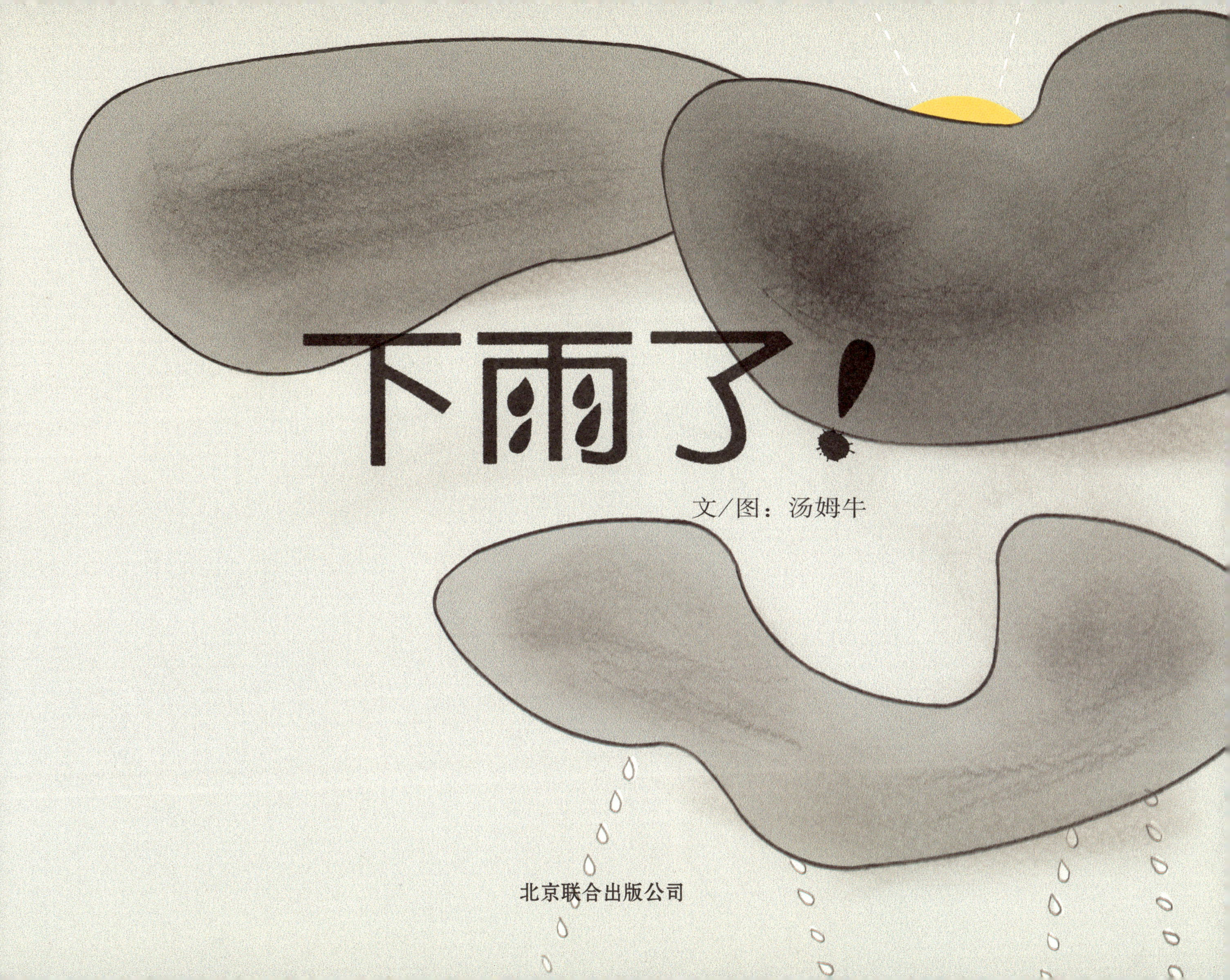

下雨了！

文/图：汤姆牛

北京联合出版公司

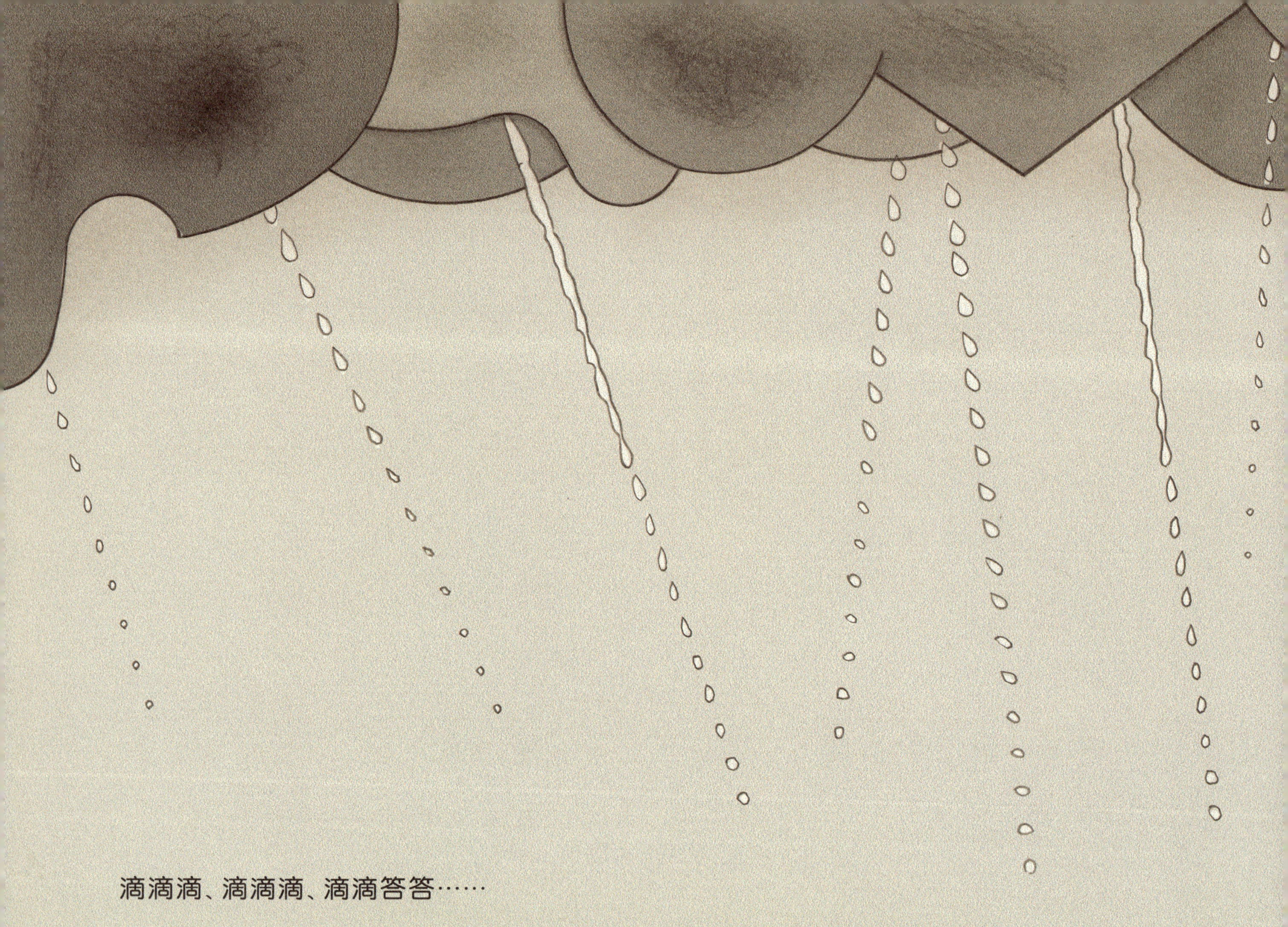

滴滴滴、滴滴滴、滴滴答答……

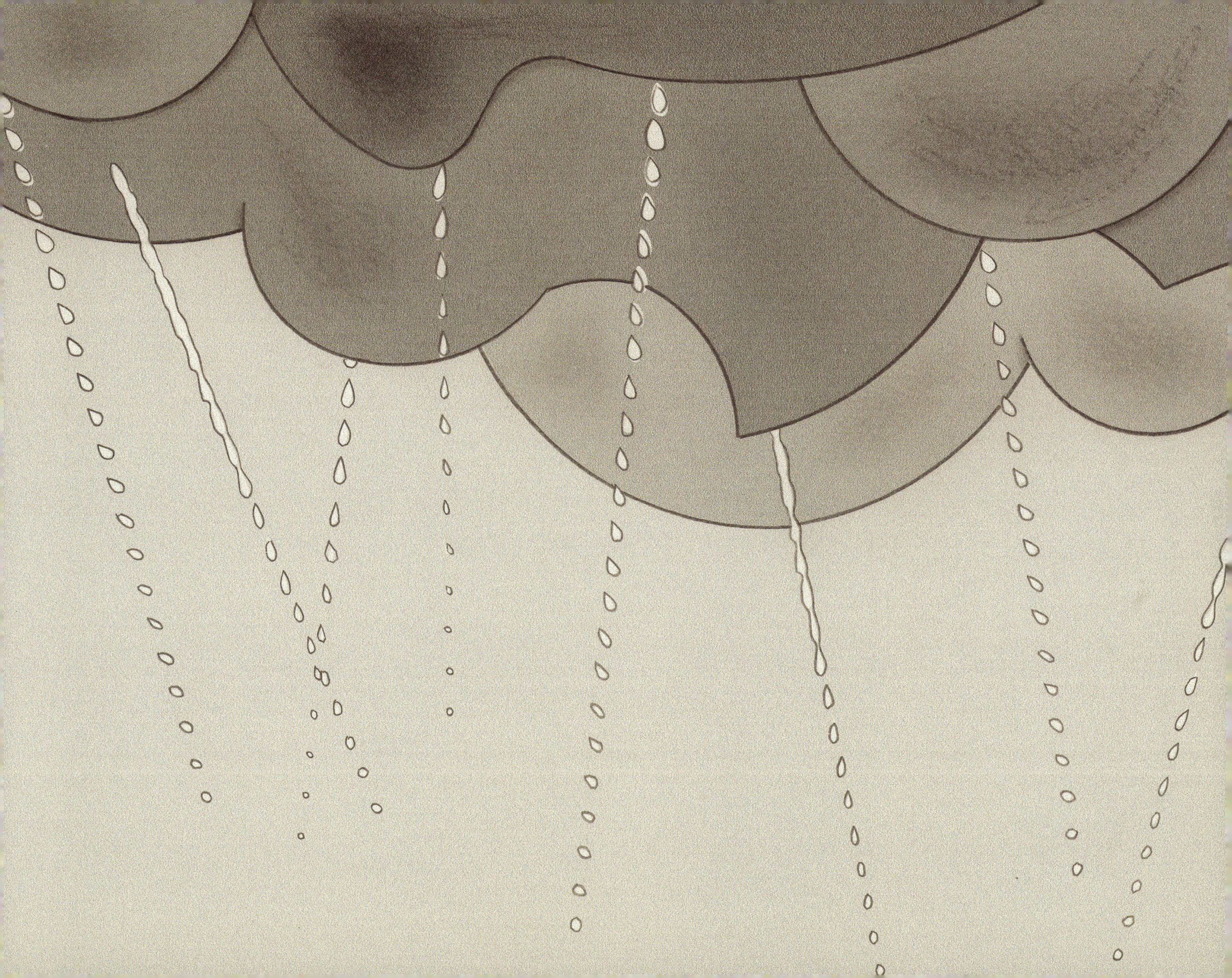

小雨淅沥沥、淅沥沥地下在山谷里。

山谷里的小溪哗啦啦、哗啦啦地流不停……

流啊流，流到干枯的大平原，不流了。

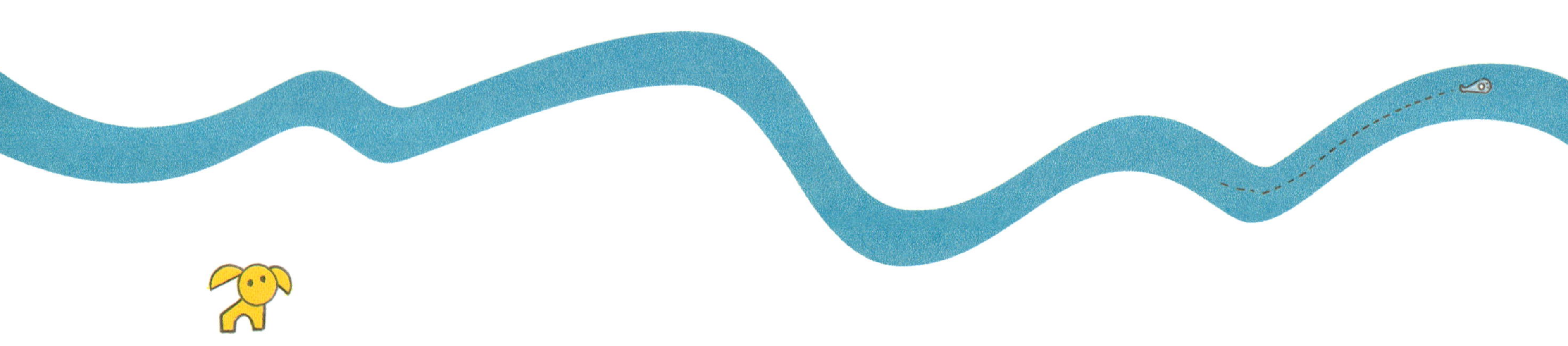

咕噜咕噜、咕噜咕噜，大象最大，大象先喝。

吼……吼……狮子最凶，换狮子喝。

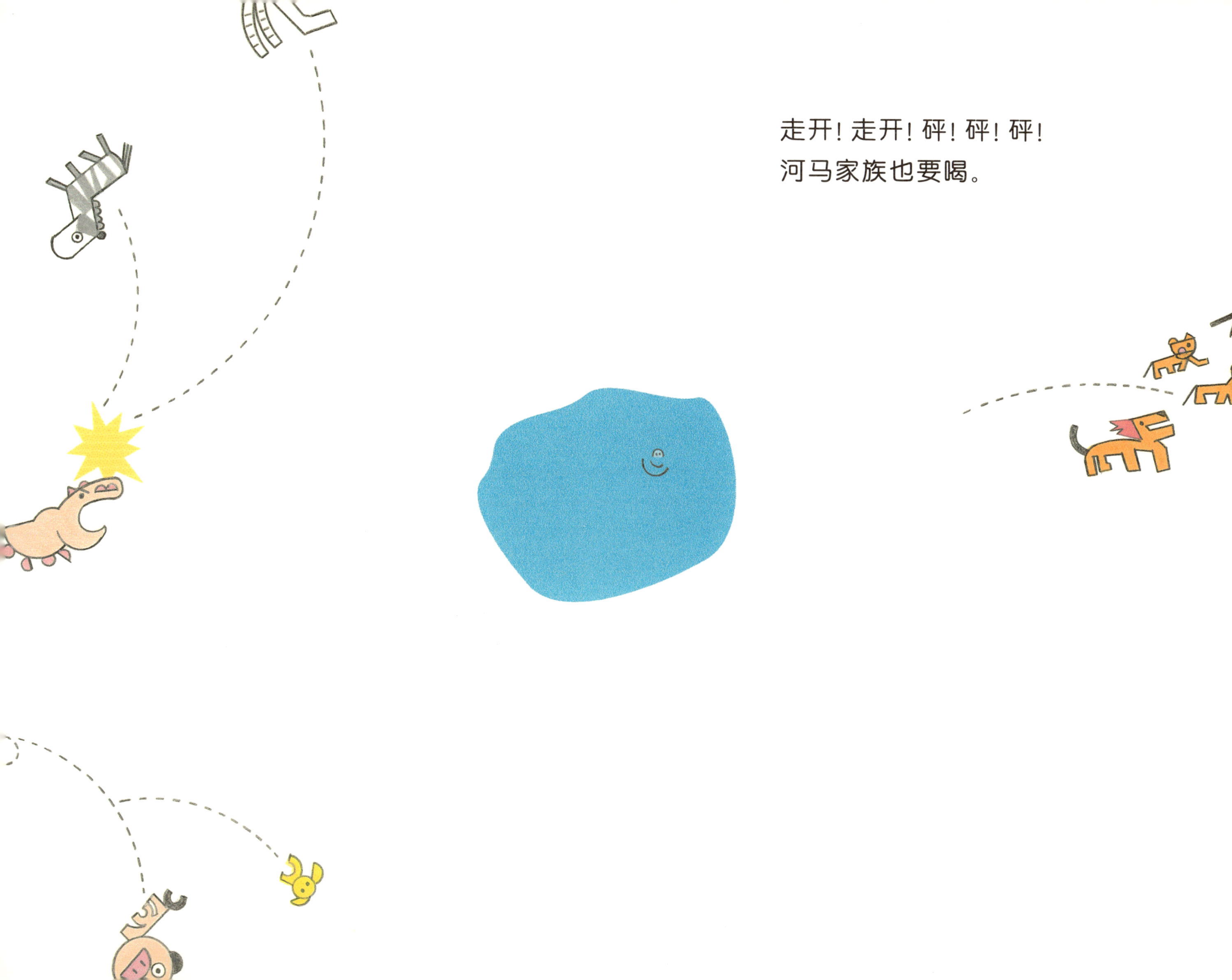

走开！走开！砰！砰！砰！
河马家族也要喝。

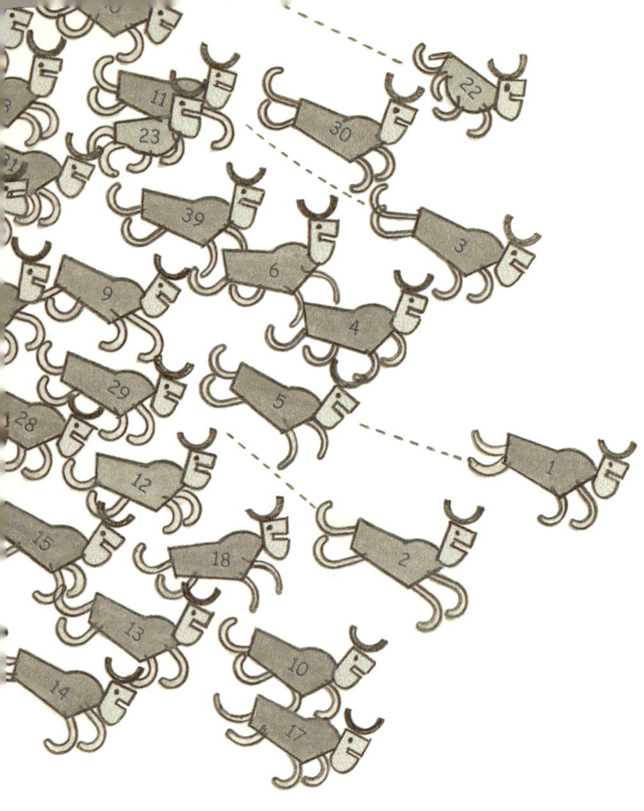

空隆、空隆、空隆……

空隆、空隆、空隆、空隆、空隆、空隆……

10
123
14
15
3
4
16
2
18
8
5
33
39
9
6
1

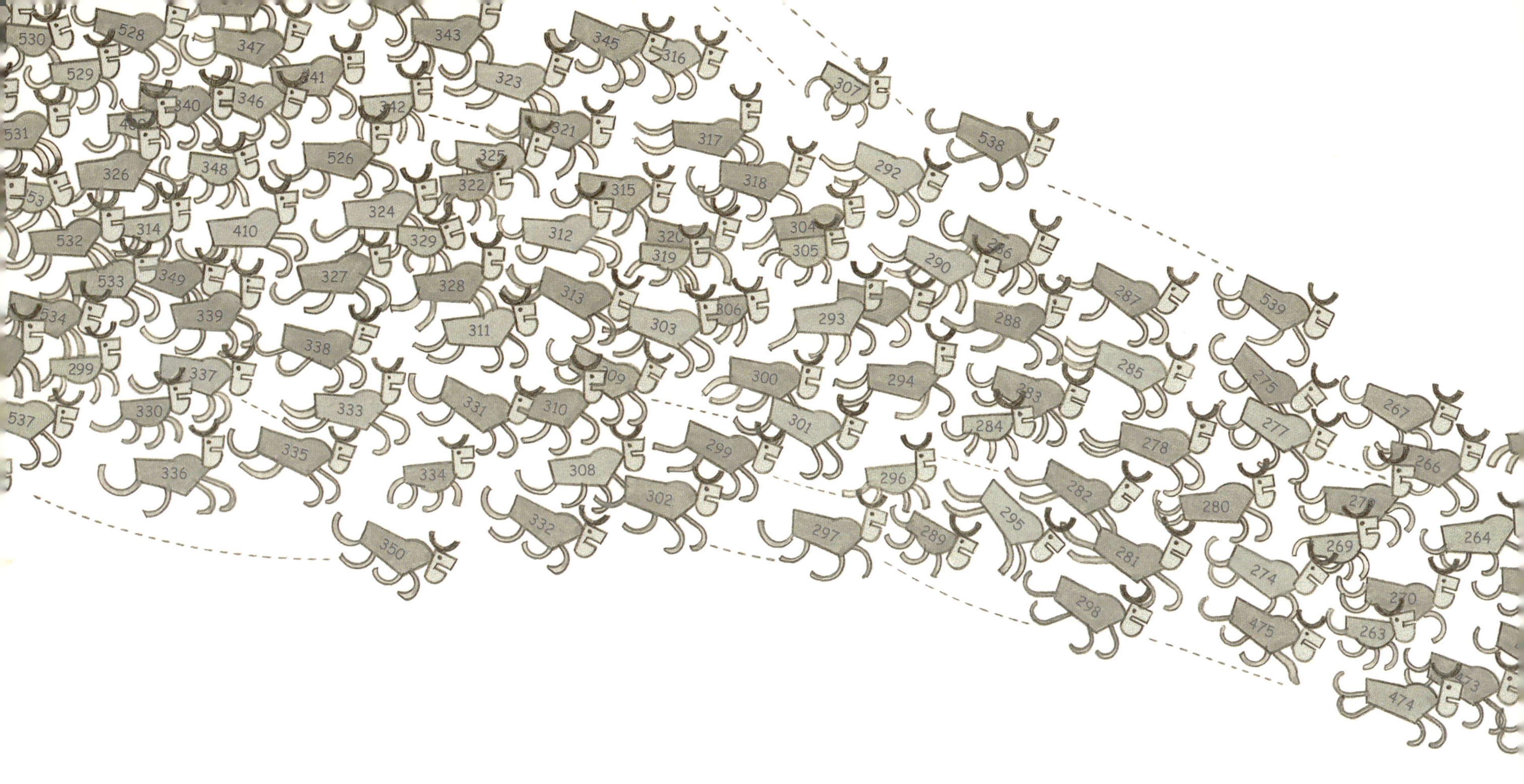

好多、好多、好多的牛羚都要喝！

大家开始抢着喝……

等一下！

小蝌蚪说："你不可以喝！"
小乌龟说："我一定要喝！"
小蝌蚪说："那我们猜拳决定吧！"

小蝌蚪与小乌龟一起大声说：

“石头、剪刀……”

嗯嗯嗯嗯嗯嗯嗯嗯嗯嗯嗯
嗯嗯嗯嗯嗯嗯嗯嗯嗯嗯嗯嗯嗯嗯嗯嗯嗯

剪刀！

布！

轰隆、轰隆……

下雨了！

雨停了……

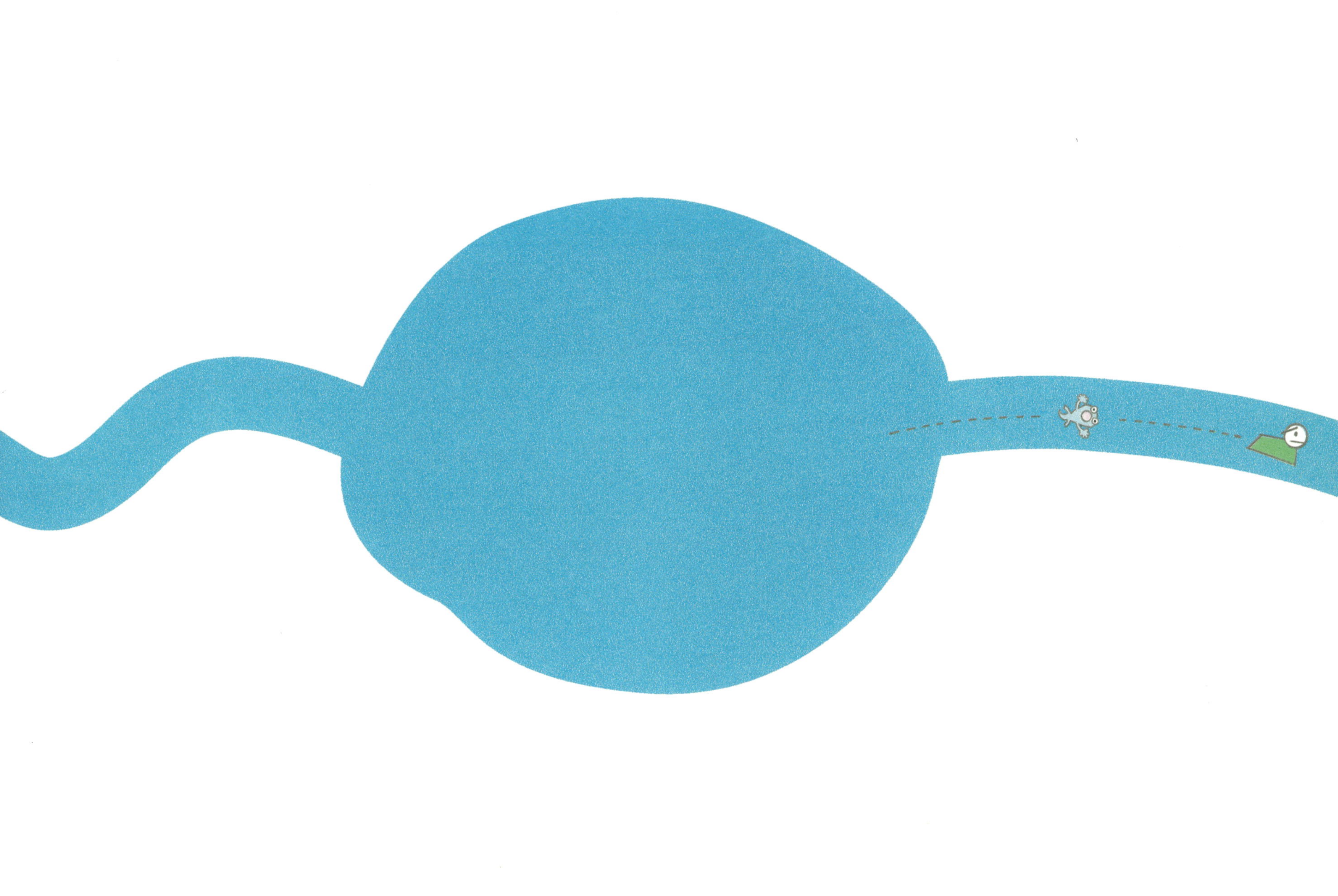

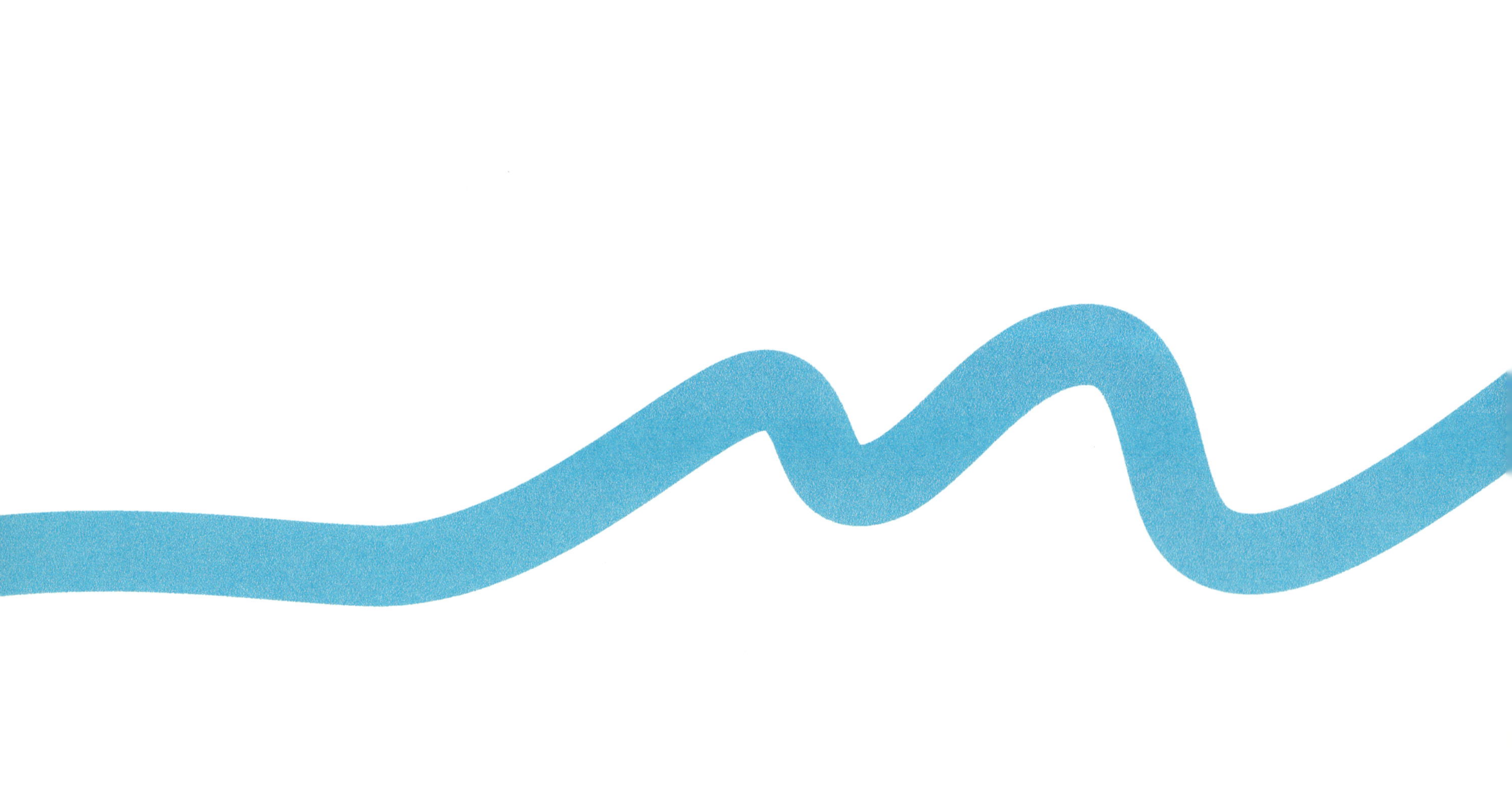